NOTICE

SUR LA

DÉFONCEUSE VALLERAND

PAR L'INVENTEUR LUI-MÊME.

B. S. G. D. G.

SOISSONS,

IMPRIMERIE ET LITHOGRAPHIE DE Ed. LALLART, RUE DES RATS, 8.

1862.

NOTICE

SUR LA

DÉFONCEUSE VALLERAND

PAR L'INVENTEUR LUI-MÊME.

B. S. G. D. G.

SOISSONS,

IMPRIMERIE ET LITHOGRAPHIE DE ED. LALLART, RUE DES RATS, 8.

1862.

Avis au Lecteur.

Je vais esquisser, en quelques lignes, le système de culture auquel m'a conduit ma Défonceuse.

Préalablement, j'indiquerai les causes qui m'ont déterminé à construire cet instrument.

Et je terminerai en signalant quelques-uns des principaux résultats de son emploi.

VALLERAND.

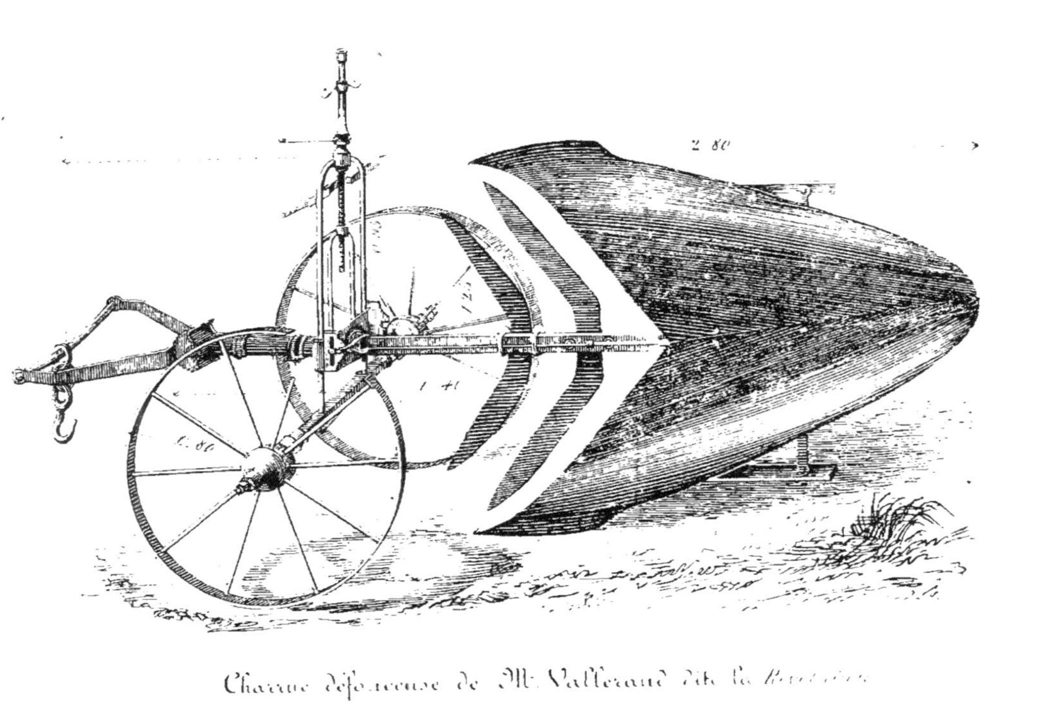

Charrue défonceuse de M. Vallerand dit la Bruyère

NOTICE SUR LA DÉFONCEUSE VALLERAND,

PAR L'INVENTEUR LUI-MÊME.

CHAPITRE Iᵉʳ.

Origine de la défonceuse.

J'ai toujours été frappé de l'infériorité de nos produits agricoles, comparés à ceux obtenus par l'horticulture.

Il m'a semblé que les principales causes de supériorité de ce dernier art, étaient : 1° l'ameublissement plus profond et plus parfait du sol ; 2° le nettoiement et le retournement meilleurs de ce sol ; 3° et l'enfouissement plus complet et plus souterrain du fumier : le tout dû à la bêche, dont, jusqu'à ce jour, nos charrues n'ont été qu'une pâle imitation.

Imbu de cette idée, je me fis une théorie de la végétation, qui, quoique conforme aux données scientifiques, fait jouer au sol un rôle physique plus important que celui qu'on lui attribue généralement.

Cette théorie, que je vais développer, me paraît exacte, puisque ses promesses sont confirmées par la pratique : aussi, j'espère qu'elle sera adoptée tant que l'homme n'aura pas arraché à la nature quelques lois, jusqu'ici ignorées, des phénomènes, si inconnus, de la vie végétale et animale.

Les trois principaux agents de la végétation, personne ne l'ignore, sont : l'air, la chaleur et l'eau, mais maintenus dans un certain équilibre ; car, la prédominance, souvent trop prolongée de l'un ou de l'autre de ces deux derniers agents, arrête tout développement végétal. Aussi l'agriculteur est-il fréquemment réduit à combattre, maintes fois sans succès, la sécheresse et l'humidité en excès.

Or, plus la couche de terre ameublie est épaisse, et plus le sol résiste à l'action desséchante du calorique. En effet, la distension des pores de cette couche, diminuant dans la proportion de son épaisseur, la capillarité du sol, atténue la cause de la dessication terrestre, c'est-à dire l'évaporation de l'eau :

Et de plus sa faculté d'absorption, augmentant aussi proportionnellement à son épaisseur, elle trouve, dans les rosées et les pluies, une meilleure réparation des pertes de l'évaporation.

Quant à l'humidité en excès, le labourage à quarante centimètres équivalant à un drainage, annihile sa nocuité : d'abord, ce labour, en triplant la hauteur de l'ameublissement ordinaire du sol arable (12 à 15 centimètres) soustrait à l'action de l'eau au moins 25 centimètres de la partie supérieure de ce sol ; puis, cette plus grande épaisseur de terrain ameubli, pesant davantage sur l'eau non infiltrée dans le sous-sol, la contraint à s'y infiltrer : enfin, si le sous-sol a résisté à une infiltration complète, la somme du liquide, restée à sa surface, répartie sur une grosse bande de terre, perd toute propriété nuisible.

Pour ce qui est de l'aération, but capital du labour, il est incontestable que le sol sera d'autant mieux aéré qu'il aura été plus profondément remué.

La propreté de la terre est indispensable aux plantes ; sans cette propreté, elles sont privées partiellement d'air et d'aliments terrestres par les herbes parasites de la superficie. A une profondeur de 10 centimètres, le sol ne renferme pas de graines d'herbes nuisibles ; dès lors, la défonceuse ne ramène à la surface qu'un terrain propre et les mauvaises herbes qui, naguères, salissaient la superficie, enfouies profondément, deviennent, par leur décomposition, des principes fertilisants.

Les engrais solubles, tendant toujours à s'infiltrer, descendent, au moins partiellement, au-dessous des labours ordinaires ; et là, enchâssés dans un terrain dur comme la roche, ils sont laissés à l'état inerte par les spongioles végétales, réduites à l'impuissance de perforer un pareil terrain. Avec le défoncement, ces sels devenus accessibles à toutes les plantes, sont absorbés par elles.

Tout végétal pousse une infinie quantité de radicelles ; avec un mince sillon, ces radicelles, rencontrant à quelques centimètres, un sol résistant, et contraintes (moins quelques-unes, ainsi celles de luzerne) à tracer sur une tranche trop faible, s'enchevêtrent et n'opèrent qu'une succion insuffisante pour le complet développement de la tige (témoins les fleurs qu'on dépote). Si le sillon est épais, le chevelu y pivote, et, étendant ainsi son cube d'absorption, nourrit suffisamment un tronc vigoureux.

Sous une raie de peu d'épaisseur, le fumier, toujours mal enfoui et fréquemment retourné, perd une grande partie de son ammoniaque, soulève la terre avec vides et détermine la germination des mauvaises graines qu'il renferme. Sous une lourde raie, pas de déperdition de gaz ammoniac, pas de vides, peu de germination d'herbes et création d'un réservoir d'humidité contre les sécheresses éventuelles.

CHAPITRE II.

Mode d'emploi de la Défonceuse ou système de culture qui en découle.

Ma défonceuse est une forte charrue en fer, à double corps, du poids moyen de 250 kilogrammes.

Elle atteint facilement une profondeur de 35 à 40 centimètres et ramène à la surface la partie du sous-sol que le soc a tranché inférieurement. La largeur de chaque sillon est de 45 centimètres.

Dans un sol d'une certaine compacité, elle exige une force de traction de 1,200 kilogrammes.

Douze bœufs, conduits par trois personnes dont deux enfants, peuvent la faire fonctionner quotidiennement et sans fatigue pour l'attelage. Si un moindre nombre d'animaux était employé, le travail ne pourrait être continué au-delà de quelques jours

En dix heures, dans les rayages de 600 mètres, la défonceuse retourne de fond en comble un hectare ou au moins 3,500 mètres cubes de terre. Ce résultat n'a rien de surprenant, puisqu'il s'obtient avec une marche de 2,200 mètres à l'heure, marche que d'ailleurs, il ne faut pas accélérer, afin de prévenir tout accident.

Pour faciliter le retournement de la charrue, il est nécessaire que le laboureur fasse jouer le déclic quelques mètres avant l'extrémité du sillon et pendant la marche de l'attelage ; sans cette précaution, l'instrument abandonné à lui-même et appesanti par la terre tranchée par le soc, ne pourrait être que très difficilement retourné.

Afin que la muraille et le plancher du sillon soient nets et sans bavures, il est nécessaire qu'ils forment un angle droit qui ne peut être obtenu si l'épée n'a pas toujours conservé une position, verticale dans les terrains plats, et oblique dans les terrains inclinés.

Dans le but de prévenir le bris de la moufle en fonte du régulateur, il est indispensable de rapprocher exactement l'une contre l'autre les deux pinces de cette moufle et de laisser, à leur côté opposé, un petit vide entre les deux corps la composant.

Au début de la rotation d'assolement, je déchaume ma terre par l'extirpateur. Ensuite, je la fume et je la défonce immédiatement. La charrue seule, grâce à ses deux coutres, enfouit très-bien le fumier qui se trouve penché obliquement entre le dernier sillon et le précédent. Si on désire que le fumier repose en presque totalité sur le plancher du sillon, ce qui est préférable, il faut qu'un jeune homme ou une femme précède le laboureur pour l'y jeter.

Ce défoncement, autant que possible, s'exécute, avant ou pendant l'hiver.

Quelques jours avant les semailles de printemps, des roulages et des extirpages très-énergiques sont indispensables pour amalgamer le sol et le sous-sol et pour leur donner une consistance suffisante pour fournir aux plantes le point d'appui qui leur est nécessaire.

Voici l'assolement quinquennal que j'ai adopté :

1re année : Betteraves sur la fumure enfouie, avec l'emploi de 300 kilogrammes de guano à l'hectare, répandus lors de la semaille ;

2e année : Betteraves sur un labour de 20 centimètres, avec 250 kilogrammes de guano ;

3e année : Blé sur un labour de 15 centimètres, avec 300 kilogrammes de guano ;

4e année : Trèfle mélangé de sainfoin, avec 10 hectolitres de lignites pyriteux (cendres noires, à l'hectare ;

5e et dernière année : Blé sur trèfle, défriché à 20 centimètres, avec ou sans guano, selon que la récolte du fourrage a été plus ou moins abondante.

Tout d'abord, on reprochera à mon assolement la répétition de betteraves qui viole, en effet, le principe de l'alternance des récoltes.

Longtemps j'ai hésité à violer ce principe ; finalement l'expérience m'a contraint à ne pas le respecter.

Quand je ne faisais pas succéder une betterave à une

autre, mes trois récoltes de blé et de trèfle n'étaient pas très-belles : lorsqu'au contraire, cette succession avait lieu, ces trois récoltes réussissaient parfaitement et me dédommageaient amplement des quelques torts que les insectes avaient parfois causés à ma seconde betterave.

A l'expiration de la rotation, j'en recommence une, identique à la première. Le nouveau défoncement n'exige plus que huit bœufs, et ils retournent une quantité assez notable d'humus provenant de la décomposition de la précédente fumure.

CHAPITRE IIIe ET DERNIER.

Résultats pratiques.

La modestie ne me permet pas de signaler les produits dont je suis personnellement redevable à mon instrument.

Cependant, si le lecteur désire obtenir quelques renseignements sur ces produits, il pourra se les procurer dans le remarquable rapport de M. Gérard, président du Comice agricole de Clermont, sur la prime d'honneur qui m'a été accordée, en 1859, dans mon département *(Aisne)*. (1).

Un de mes amis, M. Besnard, de Villers-Cotterêts, mu uniquement par l'amour du progrès agricole, s'est livré à

(Voir le *Journal d'Agriculture pratique,* numéros des 20 août et 5 septembre 1859.

« Cette généralité de causes, se traduit entre autres
« faits, par les suivants :

« Une pièce de 7 hectares, au Cessier, terroir d'Eme-
« ville (Oise), n'avait jamais donné que des produits nuls ;
« il m'avait toujours été impossible d'y faire prendre de
« la luzerne. Cette pièce est de cinquième classe ; son sol
« est argilo-ferrugineux, avec mélange de galets roulés.

« En novembre 1855, après une pauvre récolte de blé,
« précédée d'une vesce fumée, je défonçai cette terre,
« alors fort sale. Au printemps de 1856, je lui appliquai
« une semence d'avoine sur laquelle je semai ensuite de
« la luzerne.

« L'avoine devint fort belle.

« Quant à la luzerne, voici, depuis lors, son produit
« moyen annuel à l'hectare, sans platrage et ni cendrage.

« 1re coupe............... 1,000 bottes.
« 2e coupe...............   600
« 3e coupe...............   250

« Total................ 1,850 bottes de 5 kilog. ou
« 9,250 kilogrammes.

« Une autre parcelle de 4 hectares, au fond de Lessart,
« même terroir, de nature argilo-ferrugineuse, et rangée
« en quatrième et cinquième classe, n'avait jamais pu me
« donner de luzerne. Depuis huit ans, cette parcelle n'avait
« pas reçu de fumier ; elle avait seulement été parquée et
« légèrement marnée à 24 mètres cubes à l'hectare.

« En janvier 1858, je l'ai défoncée ; en mars, elle fut
« ensemencée en avoine, dans laquelle, je semai de la
« luzerne.

« La récolte d'avoine a encore été fort belle.

« Voici le rendement de la première année de la luzerne
« qui n'a été ni plâtrée ni cendrée.

« 1re coupe............. 1,100 bottes.

« 2e coupe............. 600

« 3e coupe............. 350

« Total................ 2,050 bottes de 5 kilog.
« ou 10,250 kilogrammes à l'hectare.

« Une pièce de troisième classe, de nature fortement
« argileuse, et de la contenance de 6 hectares, sise derrière
« le Hangard, même terroir, sur laquelle les prairies artifi-
« cielles n'ont jamais réussi, a été défoncée en 1858, puis
« marnée à 12 mètres cubes l'hectare. Au printemps der-
« nier, j'y ai semé du trèfle dans le blé dont la récolte a
« été magnifique.

« Aujourd'hui, ce trèfle coupé, fournirait 400 bottes de
« 5 kilogrammes à l'hectare.

« Pour les deux derniers faits on pourra soutenir que
« le marnage a agi sur le fourrage.

« Le rôle de cet amendement a dû être peu actif ;
« d'abord, parce que mes marnes, trop argileuses, exer-
« cent peu d'action relativement à leur volume ; ensuite,
« parce que la désagrégation de leur argile en suspend
« l'effet pendant deux ou trois ans ; et, enfin, parce que
« mon marnage, ayant été faible, la somme de carbonate
« de chaux, incorporée à l'épaisse couche de terre a été
« très-minime.

« Comme dernier fait, je citerai l'expérience compara-

« tive suivante, pratiquée sur trois hectares de terre
« argilo-siliceuse, de deuxième et troisième classe, situés
« à l'ouest du Hangard, toujours terroirs d'Eméville :

« Le 15 octobre 1857, je les ai légèrement fumés.
« Aussitôt je les fis labourer perpendiculairement aux
« chaînes de fumier, pour assurer une uniformité de
« fumure.

« Moitié du fumier a été enfouie à 40 centimètres par un
« gros labour ; et l'autre moitié à 15 ou 16 centimètres
« seulement, par un labour ordinaire.

« A la récolte, la première moitié a rendu 1,400 gerbes
« de blé à l'hectare, et la seconde, 1,200 seulement d'un
« grain un peu moins beau.

« On a objecté aux labours profonds.

« D'abord leur prix de revient :

« M. Vallerand a prouvé et ma pratique me prouve que
« ce prix de revient est inférieur aux frais des nombreuses
« façons que, jadis, je donnais quasi vainement à mes
« terres ;

« Puis, la nécessité d'une augmentation de fumure :
« Cette seconde objection tombe devant mon accroisse-
« ment de produits, résultat presque exclusif et naturel
« d'une amélioration dans les conditions du développement
« végétal, favorisé, en outre, par un meilleur enfouisse-
« ment des fumiers : Aussi, à cet endroit, me bornerai-je
« à rappeler le judicieux proverbe de nos pères :

Bonne culture vaut demi fumure.

« Le 23 septembre 1859, M. Vignon, cultivateur à
« Noroy (Aisne), faisait à M. Besnard la déposition
suivante :

« J'ai commencé, en 1856, à me servir de la Défonceuse
« et à enfouir profondément mes fumiers (35 à 40 centi-
« mètres).

« Depuis, je me suis livré, chaque année, volontaire-
« ment, et même involontairement, à une multitude
« d'observations sur chaque nature de mes produits, ainsi
« traités.

« Mon exploitation, étant très-divisée, pour ne pas
« nuire aux emblaves de mes voisins, je suis fréquemment
« obligé, après avoir labouré la presque totalité d'une
» parcelle avec la défonceuse, réduite de largeur, mais
« attelée de quatre chevaux et de deux bœufs, d'achever
« le labour avec un brabant à deux chevaux.

« A la moisson sur ces parcelles, généralement, je ré-
« colte au moins

« Un *sixième* de blé ;

« Un *quart* d'avoine ;

« Un *quart* de fourrages ;

« Et un tiers de racines, *de plus sur les gros labours*
« *que sur les petits*.

« Cette supériorité est quelquefois décuple, quand, par
« le défoncement une terre de l'état de stérilité passe
« subitement à l'état de fertilité, transformation qui a lieu
« lorsque le sol arable, étant privé d'un élément indispen-
« pensable, la défonceuse le trouve dans le sous-sol, et
« l'apporte au sommet du sillon.

« Parmi les nombreux faits de ce genre, et je vais en
« rapporter deux :

« Une parcelle de 40 ares de nature siliceuse, avec un

« peu de calcaire, sise au Crapaud, terroir de Noroy,
« n'avait jamais porté que de chétives récoltes de seigle,
« infestées de coquelicots. En janvier 1857, j'y conduisis
« un fumier ordinaire, immédiatement enfoui par un gros
« labour qui creva et ramena à la surface, un banc d'ar-
« gile : de la vesce, semée quelque temps après, fut
« mangée en vert par mon troupeau. En octobre, du blé
« fut semé, qui, à la moisson de 1858, rendit 720 gerbes
« ayant produit 18 hectolitres de grain, soit 45 hectolitres
« l'hectare.

« En mars 1859, je réappliquai une fumure moyenne
« pour recevoir des pommes de terre, qu'on arrache en
« ce moment, et qui fourniront 320 hectolitres à l'hectare,
« bien que, dans nos contrées, cette année, chacun se
« plaigne, avec raison, du rendement de ce tubercule.

« Une autre parcelle, également siliceuse, de la conte-
« nance d'un hectare cinquante ares, au Jambon, terroir
« de Chouy (*Aisne*), n'était qu'une seiglière passable. En
« juillet 1858, après avoir récolté une dravière poussée sur
« fumure moyenne, je la défonçai ainsi que son sous sol
« argileux, puis je la semai en blé de Saumur qui a rendu
« 2,550 gerbes devant produire deux hectolitres pour
« cent, soit, trente-quatre hectolitres à l'hectare.

« Chacun peut apprécier maintenant la prétendue né-
« cessité d'une surabondance de fumier.
« Quant au fameux prix de revient, depuis longtemps
« je le reconnais inférieur à celui des anciennes façons. »
Le 27 septembre 1859, M. Desboves, cultivateur à la

Carrière-Lévêque, commune de Septmonts (Aisne), adressait à M. Besnard, une lettre ainsi conçue : (1)

« Depuis trois ans, je pratique les labours profonds.

« La première année, en 1857, malgré les avantages qui
« m'étaient signalés par M. Vallerand, je n'entrai dans
« cette voie qu'avec réserve.

« Je pris pour champ d'expérience une pièce de 30
« hectares que je divisai en six parcelles. Les unes furent
« soumises à la charrue Vallerand et labourées à une
« profondeur de 35 centimètres, les autres furent labou-
« rées par la charrue ordinaire à une profondeur de 20
« centimètres.

« Après ce labour, toute la pièce reçut la même prépa-
« ration par l'extirpateur, la herse et le rouleau.

« L'ensemencement en betteraves eut lieu dans les
« premiers jours de mai. La levée se fit simultanément et
« régulièrement sur toutes les parcelles.

« Pendant la première période de croissance jusqu'à la
« fin de juillet, les racines sur labour ordinaires eurent la
« supériorité : à cette époque, elles commencèrent à
« jaunir et sortirent à la récolte avec un produit de 28,000
« kilogrammes à l'hectare.

« Celles sur labour à 35 centimètres, qui, jusqu'à la fin
« de juillet, étaient restées chétives et souffreteuses, se
« développèrent tout à coup avec une vigueur extraordi-
« naire et ne s'arrêtèrent plus : elles sortirent à la récolte
« avec un produit de 42,000 kilogrammes à l'hectare.

(1) Voir le numéro du 5 février 1862, du journal précité,
page 102.

« Après cette récolte, la même pièce fut labourée à une
« profondeur régulière de 20 centimètres, et fut ense-
« mencée en avoine, vers la fin de mars 1838.

« Le produit par hectare, sur les parcelles labourées
« profondément en 1857 fut : en paille de 4,500 kilog.,
« et, en grains, de 2,600 kilog.;

« Sur les parcelles labourées à 20 centimètres, en 1857,
« Ce produit fut par hectare : en paille, de 3,200 kilog.,
« et en grain de 2,000 kilog.

« La même pièce vient de donner cette année en luzerne
« une récolte extraordinaire.

« Il serait difficile, aujourd'hui, de saisir une différence
« entre les diverses parcelles ; mais, au printemps, les
« lignes de démarcation étaient parfaitement tranchées;
« la hauteur des tiges et la vigueur de la végétation
« assuraient aux parcelles labourées profondément une
« supériorité incontestable.

« L'expérience de 1857, avait été, pour moi, décisive,
« et, à cette époque, la culture de la betterave étant
« devenue, dans mon exploitation, la source principale de
« produit, j'ajoutai, à la charrue que je possédais déjà,
« trois autres charrues du même modèle.

« Avec ces quatre instruments, en 1838 je labourai
« 130 hectares qui furent ensemencés en betteraves. La
« réussite fut complète.

« Quelques parcelles, livrées çà et là à la charrue ordi-
« naire, comme points de comparaison, attestèrent,
« comme l'année précédente, la supériorité des labours
« profonds.

« En 1859, toutes mes récoltes sont magnifiques ; l'effet
« des labours profonds est très-sensible sur les avoines,
« mais il est encore plus remarquable sur les betteraves.

« Mes ensemencements en cette espèce de plante cou-
« vrent 197 hectares qui, indistinctement, ont été soumises
« à la Défonceuse.

« Vous comprenez qu'une étendue aussi considérable
« ne peut pas être dans des conditions identiques.

« Certaines parties sont fumées avec des engrais de
« ferme seuls, d'autres avec des guanos , d'autres avec des
« tourteaux, d'autres enfin, riches d'engrais anciens, n'ont
« reçu aucune fumure.

« Les unes relèvent de blé d'hiver , d'autres de blé de
« mars, d'autres d'avoine, d'autres de betteraves.

« La même variété existe dans les qualités intrinsèques
« du sol.

« L'ensemencement, commencé le 15 avril, n'a été ter-
« miné qu'à la fin de mai.

« Malgré toutes ces circonstances , qui devraient pro-
« duire sur la récolte des nuances tranchées , les racines
« présentent, à peu près partout, la même couleur et le
« même développement.

« Les labours profonds ont tout nivelé. Outre l'influence
« utile qu'ils exercent sur certaines plantes, ils ont encore
« l'avantage d'ameublir ce sol , de le rendre perméable à
« la pluie, à l'air , à la chaleur , et par conséquent de
« faciliter la germination des plantes.

« Un de mes voisins, qui cultive une vingtaine d'hec-
« tares, me disait dernièrement : « J'ai plus d'herbe dans
« mes 20 hectares que vous dans vos 400...... »

M. Fournier, cultivateur à Meaux (Seine-et-Marne), écrivait à M. le directeur du *Journal d'Agriculture pratique* (1).

« De 1850 à 1854, j'étais en quête d'une charrue éner-
« gique, pouvant labourer à 35 centimètres de profondeur.
« Malgré mes recherches et l'achat de plusieurs instruments,
« je ne pouvais aller qu'à 28, au plus à 30 centimètres ; et,
« encore, la terre passait par-dessus les versoirs. Du
« jour où j'ai entendu parler de la charrue Vallerand, je
« suis allé chez cet honorable cultivateur, qui a fait
« fonctionner l'instrument devant moi, et m'en a laissé
« prendre les dimensions ; et, à mon retour, je me suis
« empressé d'en faire construire un semblable. J'attelais
« six bœufs, la première année, et j'allais à 30 centimètres
« de profondeur. Les premiers essais ayant été favorables,
« je fis construire une seconde charrue, et, avec mes deux
« charrues, j'ai labouré, en 1855, 30 hectares à une
« profondeur de 36 à 40 centimètres, avec un bon fumier
« enterré au fond de la raie. Ces 30 hectares ont été mis
« en betteraves et j'ai une récolte de 57,000 kilogrammes
« à l'hectare. Dans une des pièces il s'est trouvé environ
« 3 hectares dont le calcaire était à 25 centimètres ; il a
« été retourné et mis par-dessus ; j'ai eu soin de faire
« ramasser les plus grosses pierres et j'ai ensemencé les
« betteraves ; à la récolte il n'y avait aucune différence
« avec le reste de la pièce. L'année suivante, les céréales
« semées sur cette parcelle ne différaient pas non plus du
« reste de la pièce, et étaient beaucoup plus belles que

(1) Voir le numéro du 20 septembre 1860, page 234.

« lors des labours à 18 ou 20 centimètres. Ainsi, les
« taches que faisaient dans mon champ, les 3 hectares
« défectueux, ont disparu depuis l'emploi des labours
« profonds.

« En 1857, une pièce située sur la route de Meaux à
« Paris avait reçu un profond labour et un fumier mis au
« fond de la raie. Par une circonstance indépendante de
« ma volonté, on n'a pas semé de racines sur le gros
« labour. Au mois d'octobre, j'ai ensemencé en blé en
« lignes ; elle est sur le passage des cultivateurs du canton
« de Claye, qui se rendent à Meaux. Voir une charrue
« attelée de dix à douze bœufs, ramener à la surface une
« terre qui n'avait jamais vu le soleil, cela excitait chacun
« à dire son mot ; et la majorité prédisait un manque de
« récolte. Je n'étais pas non plus très rassuré. J'aurais
« voulu qu'une racine précédât la céréale ; mais pour
« remettre cette parcelle dans mon assolement, au risque
« de la critique, je n'en ai pas moins persisté à l'ensemen-
« cer en blé. A la récolte de 1857, mon blé était le plus
« beau du canton : Je pourrais au besoin citer le nom des
« cultivateurs dont la prédiction a été renversée. »

On lit, dans le compte rendu du Concours Régional de
Beauvais, fait par M. Gayot, ancien Directeur des
Haras : (1)

« Les charrues ne manquaient pas à Beauvais ; le jury
« n'a pas eu de peine à placer les cinq prix qui leur
« étaient attribués. Il a été au-delà, et il a eu raison, en

______

(1) N° du même journal, du 20 juin 1861, page 636.

« je n'en partis pas moins convaincu que je n'avais qu'à
« suivre la route que venait de me tracer M. Vallerand et
« qu'au bout était le succès.

« J'ai suivi mon inspiration et je n'ai qu'à m'en louer

« M Vallerand n'ayant pu m'envoyer en temps utile
« une de ses *Révolutions*, je priai M. Fondeur de m'en
« fabriquer une qui m'arriva en mars dernier (1860) ; à
« sa vue les bouviers et les paysans jetèrent des holà à
« n'en plus finir : ils ne pouvaient comprendre la desti-
« nation de cette grande cuillère (nom par eux appliqué à
« la charrue). Par suite du mauvais temps, il nous avait
« été impossible de préparer nos terres l'hiver; cependant,
« je voulais semer mes betteraves de bonne heure.

« J'avais 10 hectares à fumer et à labourer. Aussitôt
« l'arrivée de la Défonceuse, on y attela deux paires de
« bœufs, les mêmes qui traînaient naguère ma charrue
« Dombasle : on se rendit sur le terrain, et là, au grand
« étonnement de tout le monde, on vit cette charrue mar-
« chant, sans être maintenue, à une profondeur de 40
« centimètres, retournant admirablement le sol et enfouis-
« sant le fumier comme un jardinier ne le ferait pas avec
« sa bêche.

« Le soir, le labour mesura 40 ares ; deux jours après,
« on mesura 50 et 52 ; mais j'observai à mon bouvier qu'à
« ce train il surmenait ses bœufs, et que je me conten-
« terai de 40 à 45 ares.

« Le sol était de consistance moyenne, et le sous-sol
« argilo-siliceux : cependant, il y avait de grandes diffi-
« cultés, car on avait défriché ce terrain, l'année précé-

« dente , à 35 centimètres , et il y était resté une énorme
« quantité de racines que la Défonceuse ramenait à la
« surface.

« Je n'ai donné qu'un seul labour à ces dix hectares
« que j'ai ensemencés en betteraves, qui ne sont pas encore
« récoltées , mais dont j'estime le rendement moyen à
« 60,000 kilog. à l'hectare.

« Jamais les paysans des environs , n'ont vu pareilles
« betteraves ; et tous attribuent ce résultat extraordinaire
« au labour profond.

« Soit que j'ai employé la charrue Dombasle ou la
« défonceuse Vallerand, j'ai toujours fumé à raison de 40
« à 45,000 kilog. à l'hectare, à cet égard, il ne peut y avoir
« erreur, car toujours le fumier est pesé ou métré avant
« d'être porté aux champs.

« Je dois dire que 150 kilog. de guano ont été répandus
« avant la semence et ont puissamment contribué au
« succès.

« Avec la défonceuse Vallerand et les brabants, j'évite
« la fatigue des bouviers qui ne touchent à ces charrues
« qu'en les retournant au bout de la raie.

« Dernièrement , j'ai exécuté un travail de nivellement
« avec la défonceuse traînée par trois paires de bœufs et
« pénétrant, par fois, dans ce sol à 55 centimètres.

« Voici le prix de revient de chacun des deux systèmes
« de labours profonds que j'ai employés.

« Chez moi , dans cette saison (octobre) , chaque bœuf
« me coûte 2 francs, soit 4 francs la paire à raison de :

« 30 kilogrammes de foin à 85 francs les 1000

« kilogrammes , ci.. .... 2 55

« 5 kilogrammes de son, à 20 fr. les 100 kilo-

« grammes 1 00

« Ferrage, vétérinaire et intérêt............ » 45

« Gages du bouvier..................... 2 00

   « Total dont chaque attelage est débité en

« sortant de l'écurie..................... 6 00

   « *Revient d'un hectare, tous travaux de labourage*

« *exécutés, y compris enfouissement de fumier :*

   « SYSTÈME DOMBASLE ET BODIN :

« (Une fouilleuse suivant une première charrue.)

(40 ares par journée de 10 heures.)

1er labour 2 paires de bœufs à la Dombasle

pendant 2 jours 1/2 à 12 francs............ 30 fr.

     Id.   Id.   à la Fouilleuse. 30

2 conducteurs pendant 2 jours 1/2........ 10

2e labour, une paire de bœufs, 2 jours 1/2.. 15

3e labour   Idem................ 15

         Total............... 100 fr.

   « SYSTÈME VALLERAND :

« 40 ares par journée, 2 paires de bœufs

« pendant 2 jours 1/2, ci.................. 30 fr.

   « Avant de connaître la méthode Vallerand, il me fallait

« 3 labours pour avoir 25 ou 30 centimètres de terre re-

« tournée, maintenant, du premier jet, et avec une dépense

« moindre je retourne 40 centimètres de terre qui entrent

« en contact direct avec l'air, l'eau et la chaleur.

« On objecte que le sous-sol, ramené, est improductif :
« c'est là une supposition erronée que rectifie l'expérience.

« Mélangez un peu de guano ou de noir animal à ce
« prétendu sous-sol inerte, et vous obtiendrez la plus
« belle récolte que vous puissiez rêver.

« On objecte encore que le fumier, enfoui profondément
« ne peut alimenter les radicelles des plantes : c'est encore
« une supposition erronée que rectifie également l'expé-
« rience.

« Le fumier profondément enfoui ne peut que très-peu
« s'évaporer.

« Combiné à la superficie du sol maintenant enterrée,
« il forme un riche compost dont la base est au fond de la
« raie, où, après cinq ans, on va le chercher par un
« nouveau gros labour qui, en le ramonant à la surface,
« place entre lui et la nouvelle fumure, une couche de
« terre de 40 centimètres, laquelle devient le centre
« puissant d'un atelier continu d'engrais.

« Je travaille à établir un assolement sur 50 hectares
« que je vais agrandir au moyen de la *Révolution*, en
« défrichant des bruyères, des ajoncs et des genêts.

« Mon entreprise d'extension ne serait pas possible sans
« la défonceuse, car, sans elle, le défrichement ne pourrait
« s'opérer qu'à bras d'homme qui coûtent 300 francs
« l'hectare quand on en trouve, ce qui, aujourd'hui,
« devient difficile.

« Je suis convaincu que ce travail ne me coûtera pas
« plus de 90 à 100 fr. l'hectare et il sera mieux exécuté
« qu'à bras.

« C'est donc , avec raison , que j'appelle cette charrue
« ma *Bienfaitrice* puisque, sans elle , j'aurais été obligé
« de renoncer à mon entreprise.

« *Par elle, l'avenir de nos landes est maintenant*
« *assuré*.

« Au lieu d'acheter, comme je le fais depuis deux ans ,
« 60 à 70,000 kilog. de betteraves pour ma consommation.
« je vais ensoliter , cette année , au moins 600,000 kilog.

« J'ai également semé des turneps sur 1 hectare 33
« ares de défrichement, labourés à 40 centimètres, sur
« lesquels j'ai mis 400 kilog. de guano ; en ce moment
« 3 octobre , les turneps mesurent 30 à 35 centimètres de
« circonférence : autrefois je ne pouvais réussir à en
« avoir. »

Enfin (1) M. Moll, professeur d'agriculture au Conserva-
toire des Arts et Métiers, dans son rapport sur le concours
spécial de labourage profond de Saint-Quentin, fait à la
Société centrale d'Agriculture de France, s'est exprimé
ainsi :

« En supposant le problème du labourage réduit à ces
« deux seuls termes : *profondeur et perfection du*
« *labour*, je n'hésite pas à déclarer que la charrue
« Vallerand est la meilleure que je connaisse. »

A ce concours j'ai obtenu la Médaille d'honneur.

J'ai donné à ma défonceuse le nom de *Révolution* : Ce
nom peut paraître ambitieux à ceux qui ne connaissent

(1) Voir toujours le *Journal d'Agriculture pratique*, Nº du 5
avril 1862, page 354.

pas cet instrument, mais tous ceux qui en ont fait usage, diront que c'est le véritable nom qu'elle doit porter ; non-seulement parce qu'elle retourne mieux la terre qu'aucune autre charrue, mais surtout parce qu'elle doit amener, ainsi que l'a dit M. Lefour, toute une révolution culturale. C'est ainsi que l'ont compris beaucoup d'agriculteurs très-distingués qui l'emploient.

Pour assurer le succès d'un instrument qui paraît très-excentrique de prime à bord et qui a besoin d'être bien compris pour être bien exécuté, j'ai pris le parti de le faire construire moi-même. Dans ce but, je me suis mis en rapport avec les meilleurs constructeurs de France, de manière à lui donner toute la perfection désirable. Je publierai incessamment la liste des cultivateurs qui ont cru devoir s'adresser à moi, je crois devoir prévenir MM. les Agriculteurs que j'ai pris un brevet de quinze années et que mon type porte ma signature.

Ferme de Moufflaye (Aisne), ce   mai 1862.

SOISSONS. — IMP. ED. LALLART, RUE DES RATS, 8.

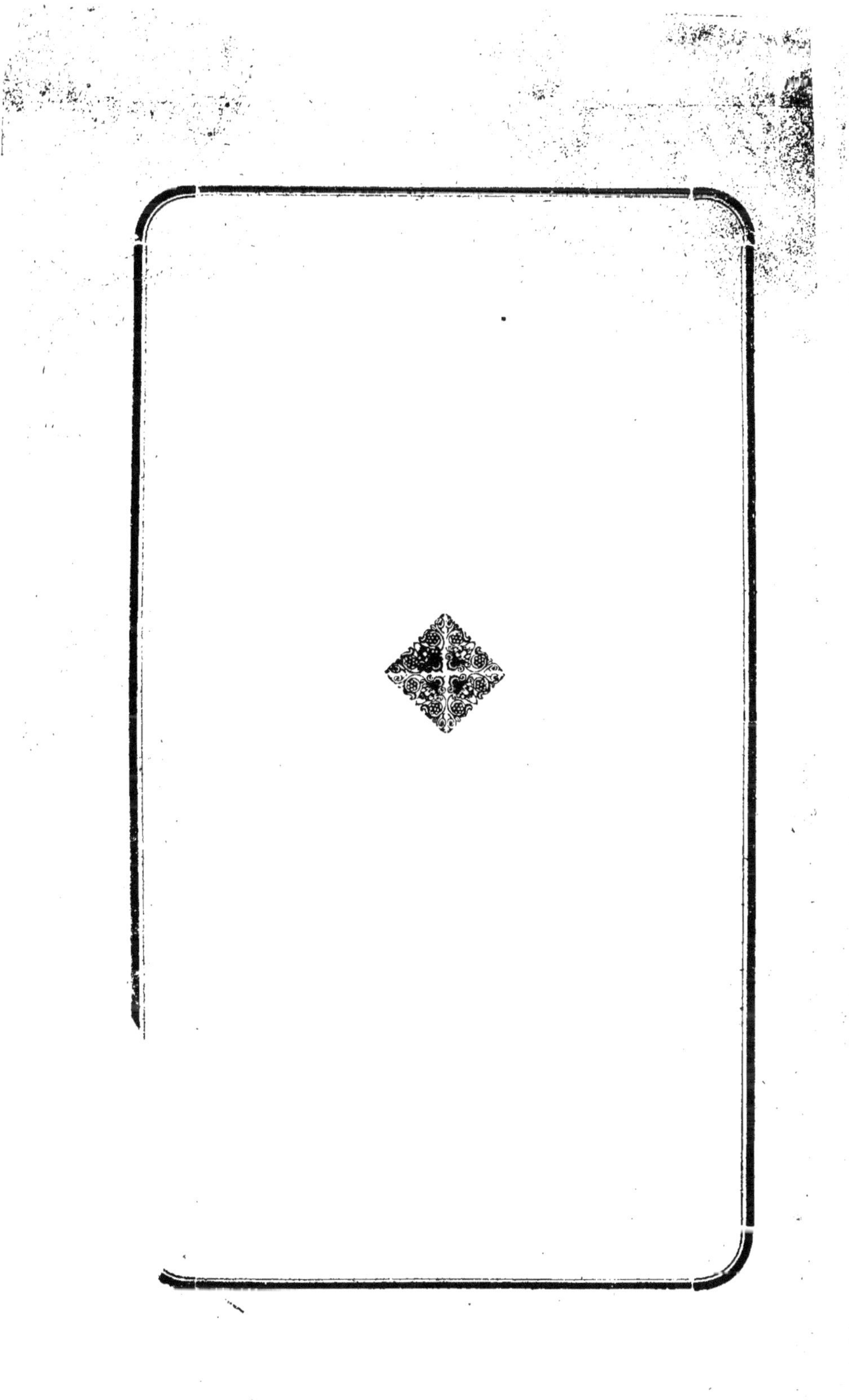